ESTO ES
ARTE

DAVID ARMENGOL

Ilustrado por MARÍA LUQUE

montena

Papel certificado por el Forest Stewardship Council®

Primera edición: noviembre de 2018

© 2018, David Armengol
© 2018, Penguin Random House Grupo Editorial, S. A. U.
Travessera de Gràcia, 47-49. 08021 Barcelona
© 2018, María Luque, por las ilustraciones

Printed in Spain – Impreso en España

ISBN: 978-84-17460-04-4
Depósito legal: B-18.625-2018

Compuesto en M. I. Maquetación, S. L.

Impreso en Talleres Gráficos Soler
Esplugues de Llobregat (Barcelona)

GT 6 0 0 4 4

Penguin
Random House
Grupo Editorial

A todas las personas que sienten curiosidad por el arte

y, entre ellas, a Mariana y a Olivia

Prólogo

El título de este libro no engaña. Sí, lo que vas a ver en estas páginas es arte. ¡Arte en mayúsculas! Y ¿sabes por qué es tan poderoso esto del arte? Muy sencillo: *porque realmente no sirve para nada y sirve para todo*. Ya, ya lo sé, esta afirmación es un poco contradictoria. Y no, no me he vuelto loco. Deja que me explique… Si tienes este ejemplar en las manos es porque te interesa el arte o, al menos, porque alguien ha pensado que te puede interesar. Dale una oportunidad, y no te preocupes, este libro está pensado muy especialmente para ti.

Con esta sentencia inicial, a lo que me refiero es que, en términos prácticos, el arte no tiene una función muy clara en nuestra sociedad. Pero eso, lejos de ser un defecto, es una virtud. De hecho, es una *gran* virtud. Es su máximo potencial o, aún diría más: es ¡un superpoder! Fíjate… la economía crea dinero, la medicina cura, la ingeniería construye, la educación enseña… pero ¿qué hace exactamente el arte? ¿Decorar nuestros museos, nuestras casas o nuestras calles? ¿Eso es todo? ¡En absoluto! Eso solo es algo superficial, no es más que la punta del iceberg. Lo más extraordinario del arte es que, al no estar supeditado a una función específica —es decir, al no esperarse nada en concreto de él— es capaz de todo. Sí, sí, no te miento. ¡El arte y los artistas son capaces de todo! Aunque no van con capa y antifaz, pueden avanzarse a su tiempo, pueden ver el futuro e, incluso, pueden transformar el mundo. ¿No me crees? Pues de eso trata este libro: de *cómo el arte ha ido cambiando nuestro modo de ver y comprender la realidad.*

A lo largo de los siglos, los artistas han sido los más visionarios, los más inconformistas, los más arriesgados, los más pasionales y también ¡los más locos de su tiempo! De hecho, los que vas a conocer en este libro son, quizá, las personas más idealistas del mundo. Ellos han confiado en este superpoder del arte y, fíjate, no les ha ido tan mal, ya que ahora forman parte de la historia. Sus pinturas, sus esculturas y sus obras arquitectónicas son visitadas por millones de personas fascinadas o interesadas por el arte. Y nos entusiasmamos al verlas, nos emocionamos y, al fin y al cabo, aprendemos un poco más de nosotros mismos mientras paseamos por los museos y ciudades donde se encuentran tales monumentos. Y es que, no lo olvides, el arte es forma, color, volumen... pero también es un conjunto de ideas y actitudes ante aquello que nos rodea y nos define.

En definitiva, *Esto es arte* te invita a un sorprendente recorrido por quince de las obras más representativas de la historia del arte. Un viaje en el tiempo que no está pensado para eruditos ni sabiondos, sino que se dirige más bien a gente con ganas de descubrir lo que se esconde detrás de cada obra de una manera divertida (en serio, ya verás que no hay ni un solo dato aburrido). Con este libro aprenderás a pensar como piensan los artistas. Y quién sabe, quizá acabes contagiándote de este superpoder y seas el próximo Vincent Van Gogh o la próxima Sofonisba Anguissola.

El Partenón

Ictino y Calícrates

Autores: Ictino y Calícrates (Grecia, mediados del siglo v a.C)

Cronología: 447-432 a.C.

Estilo: Clásico griego

Tipología: Templo

Materiales: Mármol de la cantera del Pentélico y madera

Localización: Acrópolis de Atenas

Entre los siglos IX y II a.C, los griegos inventaron un montón de cosas alucinantes que iban a transformar nuestra vida en sociedad. Por ejemplo, la filosofía. Y la primera democracia, los Juegos Olímpicos y ¡el yogur! Pero, sobre todo, crearon un concepto de ciudad bastante parecido al nuestro: la *polis*, una ciudad autónoma que ofrecía todas las funciones sociales necesarias para vivir en comunidad (como un país en miniatura). El eje central de cualquier *polis* era la acrópolis, un lugar público donde se emplazaban los edificios sagrados. Sin duda, la más importante de todas ellas fue la de Atenas. Situada sobre un monte elevado, la acrópolis de Atenas des-

taca especialmente por la presencia del templo más emblemático del arte griego: el Partenón. Sí, vale, ahora está en ruinas, pero sigue siendo el principal símbolo de Atenas. Es como la Torre Eiffel de la capital griega, solo que construido hace unos dos mil quinientos años.

Eufórico por haber derrotado a los persas en Atenas, Pericles, el gobernador de la ciudad en aquellos tiempos, se vino arriba y decidió construir la acrópolis a lo grande. Para agradecer la victoria a la diosa Atenea, Pericles pensó que un bonito detalle sería dedicarle un gran templo. Así que le encargó el proyecto a Fidias, quizá el más famoso de los escultores de la Antigua Grecia, y él mismo supervisó el trabajo de los dos arquitectos oficiales del templo: Ictino y Calícrates. *En menos de quince añitos tuvieron listo el Partenón.*

Tal vez ahora parezcan muchos años, pero en el siglo v a.C. aquello fue todo un récord.

Como ves, de esto hace muuuchos años y el tiempo lo cambia todo. ¡Hasta los monumentos! De hecho, una de las claves para entender el arte clásico es echarle mucha imaginación al asunto. Y es que, generalmente, lo que se conserva de ellos es una parte pequeñísima de cómo eran en su época de esplendor. *Así que, ya sabes: ante el arte clásico, ¡imaginación al poder!*

La parte exterior del Partenón estaba repleta de detalles escultóricos. Y digo «estaba» porque la mayoría de ellos ya no se encuentran en el edificio, sino en museos como el de la Acrópolis o el Museo Británico. Estas esculturas son básicamente relieves esculpidos sobre mármol y servían para explicar a los atenienses los superculebrones de la mitología griega. Por ejemplo, en los tímpanos —que son esas formas triangulares que coronan la parte alta de las fachadas— se sitúan algunos mitos relacionados con la diosa Atenea; como la historia de su nacimiento o su lucha contra Poseidón, dios de los Mares, por el dominio de Atenas. ¡Ah! Una cosa más sobre estos relieves: ¿verdad que te los estás imaginando blancos? Así, un poco sosos… Pues ¡deja de hacerlo! Porque en realidad estaban decorados con colores vivos y llamativos. En serio, *¡todo el exterior del Partenón estaba pintado!* Si no te lo crees puedes ir a Nashville (Estados Unidos), donde en el siglo XIX construyeron una réplica a escala real del Partenón con su colorido original. Míralo en Google. Ahí sigue todavía.

Pese a su enorme tamaño, el interior del Partenón es muy sencillo. Ponte en situación, como si llevases unas gafas de realidad virtual. Tiene dos habitaciones, una principal (*lanaos*) y una más pequeña (*opistodomos*). A la *lanaos* se accedía por la *pronaos*, un vestíbulo con columnas dóricas, un estilo austero y robusto. En el centro de la sala, rodeada por otras columnas el doble de altas y en forma de U, se encontraba la descomunal estatua criselefantina —esa palabrilla quiere decir «hecho de oro y marfil»— de Atenea. Medía 12 metros de alto y tenía más de 1.000 kilos de oro. ¡Sí, Pericles y Fideas estaban *on fire*! Para potenciar al máximo la luz y los brillos de los materiales, a los arquitectos se les ocurrió una virguería decorativa: situar delante de la diosa un estanque con agua en cuya superficie se reflejaban los destellos de oro que, así, inundaban toda la estancia. Por otro lado, la *opistodomos* solo tenía cuatro columnas jónicas —un estilo más esbelto y avanzado— y el único modo de acceder a ella era por la fachada secundaria. ¿Por qué? Porque en ella se guardaban los tesoros del templo.

Sin embargo, la magia de los griegos no termina aquí. Otro mérito del Partenón tiene que ver con la precisión visual a la que llegaron sus arquitectos mediante un estudio muy sesudo de la línea recta. *Para los griegos, la belleza, las matemáticas, la perfección y la armonía eran aspectos superimportantes de la vida.* Y esos valores motivaron a Ictino y Calícrates a engañar al ojo humano mediante sistemas constructivos muy experimentales para su época. Por ejemplo, la sutil curvatura ascendente de la cubierta o el ligero abombamiento de las columnas. Para que nos entendamos tú y yo, los arquitectos aplicaron algo así como un Photoshop constructivo: usaron una especie de varita mágica que permitía corregir todo aquello que no fuera perfecto. Si Ictino y Calícrates levantaran la cabeza y vieran lo que permite ahora el mundo digital, lo fliparían mucho.

Pero ¿qué pasó entre el momento álgido del Partenón y la infinidad de turistas que hoy en día se hacen selfis frente a él? Pues bien, durante la Edad Media fue una iglesia cristiana, y en el siglo XV se convirtió en una mezquita. En el siglo XVII fue utilizado por los turcos para guar-

dar explosivos. Mientras los venecianos bombardeaban la ciudad, una de sus bombas cayó sobre el Partenón, destruyéndolo parcialmente. Y eso no es todo: en el siglo XIX, el embajador británico en Constantinopla —la actual Estambul— decidió llevarse por su cara bonita una parte importante de las esculturas del templo y vendérselas al Museo Británico. ¡Menuda biografía más frenética, la del Partenón…! casi tan trepidante como la de los dioses griegos.

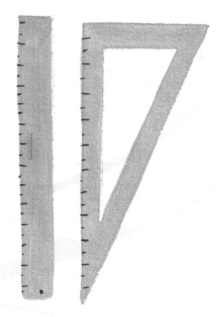

LAS CLAVES
El Partenón

- Imaginación. Pese a que no se conserva nada mal, necesitas cierta dosis de imaginación para entender cómo era este templo en su época.

- La ciudad. El Partenón permite conocer la arquitectura clásica, pero también la vida social de las ciudades griegas.

- La óptica. Los griegos controlaban un montón las matemáticas, así que los arquitectos corrigieron las imperfecciones de la visión humana para que pareciera perfecto.

La Gioconda

de Leonardo da Vinci

Autor: Leonardo da Vinci
(Vinci, Italia, 1452 - Castillo
de Clos-Lucé, Amboise, Francia, 1519)

Cronología: 1503-1519

Estilo: Renacentista

Tipología: Retrato

Técnica: Óleo sobre madera de álamo

Dimensiones: 53 cm × 77 cm

Localización: Museo del Louvre, París

Leonardo da Vinci es el artista más importante del Renacimiento italiano. Y piensa que ser artista renacentista no era cualquier cosa. Por primera vez en la historia, en los siglos XV y XVI el artista pasó a tener un buen estatus social; es decir, ya no era considerado un artesano anónimo, como pasaba en la Edad Media. ¡Se acabó el ninguneo! Ahora el artista era un autor prestigioso y firmaba sus obras. Además, los artistas renacentistas eran auténticos genios y sabían de todo. Podían ser a la vez pintores, escultores, arquitectos, poetas o incluso científicos e inventores. De todos ellos, el más mundialmente famoso es Leonardo da Vinci. Él es el autor de *La Gioconda*, pero también es

el inventor de la bicicleta, el paracaídas o el aeroplano. ¡Y es que Leonardo no paraba nunca!

¿A que siempre habías creído que *La Gioconda* era un cuadro inmenso? Pues siento decepcionarte, pero es más bien todo lo contrario: un retrato pequeñito, aunque siempre ha dado mucho que hablar. En primer lugar, por la manera tan magistral como está pintado, una auténtica revolución visual en su época; y en segundo, por los misterios que han rodeado a lo largo de los años a la figura femenina del cuadro. La verdad es que los historiadores del arte se han vuelto locos con esa mirada, con esa sonrisa enigmática… Así, que, con el paso del tiempo, han desarrollado infinidad de teorías sobre esta mujer. Pero empecemos por el principio. A ver ¿por qué es un cuadro tan genial? Bien, porque *Leonardo*

usa una técnica inventada por él (¡menudo crack!) llamada *sfumato*. Claro, está en italiano porque él era italiano. Para nosotros sería algo como así como «esfumarse», «desaparecer»…, y eso es precisamente lo que intenta el artista: borrar las líneas y los contornos de su pintura para ofrecer una sensación más atmosférica. El *sfumato* vendría a ser algo parecido a una imagen desenfocada. De esta manera apenas se pueden ver los trazos del pincel en la silueta de la mujer… ¡La pincelada se ha esfumado!

Y ahora vamos a resolver el misterio que todos estábamos esperando… *¿Quién era ella y qué nos quiere decir con su mirada?* En la actualidad, la teoría más aceptada defiende que se trataría de Lisa Gherardini, esposa de un rico mercader llamado Francesco del Giocondo. Por tanto, de ese apellido se derivaría la versión femenina «Gioconda». Pero, ¡atención!, si buscas «Gioconda» en el traductor verás que significa 'alegre', y ahí surge un bonito juego de palabras entre el apellido y la alegría plácida que desprende la actitud de la mujer. Además, como bien sabes, este cuadro se conoce a su vez con el nombre de *La Mona Lisa*. Y «*Mona*» viene de «*Madonna*», que significa 'dama', 'señora'... Todo encaja: Mona Lisa se refiere a la señora Lisa.

Pero más allá de la identidad de su protagonista, lo más enigmático del cuadro es la sonrisa y la mirada de Lisa. Según nos movemos delante del cuadro, parece que su leve sonrisa se desplace con nosotros, dándole así una sensación de vida que nunca antes se había conseguido en una pintura. Estas variaciones hacen que a veces parezca muy contenta y otras, bastante triste, nostálgica. Para conseguir este efecto, cuentan que Leonardo contrató a una banda de músicos para que tocara mientras la chica posaba y, así, evocar distintos estados de ánimo en ella. ¡No escatimaba recursos! Algo parecido ocurre con la mirada: *sus ojos nos siguen y nos interrogan*. Son extraños, ¿a que sí? Y es porque ¡Lisa no tiene ni cejas ni pestañas! La verdad es que los expertos no saben si este detalle depende de una moda de la época —quizá Lisa se depilaba las cejas— o es algo que se perdió en alguna restauración posterior de la obra.

Al margen de su rostro, su cuerpo también ha generado diversas hipótesis. Hay quien dice que estaba embarazada cuando Leonardo la retrató y que por eso tiene las manos apoyadas en su vientre; unas manos que, por otro lado, parecen estar un poco hinchadas, como les suele pasar a las mujeres durante el embarazo. Imagínate la obsesión que se ha derivado de este cuadro, que incluso se ha llegado a calcular el peso y la altura de La Gioconda: 63 kilos y 1,68 metros de altura. ¡Ah! Por si te lo preguntabas, también se ha confirmado que no hay ningún mensaje secreto escondido en ninguna de las capas de pintura. Eso se lo inventó el escritor estadounidense Dan Brown para crear más intriga en el argumento de *El código da Vinci*.

Bien, y ahora otra gran pregunta: *¿por qué esta obra maestra está en París, y no en Florencia o en Roma?* Resulta que Leonardo la llevó en un viaje a Francia y el rey Francisco I se la compró ya en el siglo XVI. Así entró en las colecciones francesas y, finalmente, en el Museo del Louvre a finales del siglo XVIII. Allí lleva desde entonces. Bueno, no, en 1911 fue robada y estuvo en paradero desconocido durante dos años. En el transcurso de la investigación ¡Pablo Picasso fue uno de los sospechosos del robo! Esto no te lo esperabas, ¿no? No sufras, al final se acabó descubriendo que fue Vincenzo Peruggia, un empleado del museo muy amante de su tierra que quería llevársela de vuelta a Italia.

Por cierto, cuando vayas al Louvre a contemplar esta fantástica pintura, prepárate para verla tras un cristal y cientos de personas que se hacen selfis con ella. Y acuérdate de que es muy pequeña... y es que la hemos visto reproducida tantas veces que luego, cuando ves el original, te puedes llevar un chasco.

LAS CLAVES

La Gioconda

- La sonrisa. Uno de los grandes enigmas de este cuadro es su sonrisa, que parece desplazarse contigo cuando la miras y te mueves.

- Sfumato. Leonardo da Vinci usó una técnica increíble para su época: difuminar los contornos para que todo parezca un poco irreal.

- El tamaño. La Gioconda es una obra de pequeño formato. Puedes verla en el Louvre entre los numerosos turistas que se ponen delante para hacerse un selfi.

La creación de Adán
de Miguel Ángel

Autor: Miguel Ángel (Caprese, Italia, 1475 - Roma, Italia, 1564)

Cronología: 1511

Estilo: Renacentista

Tipología: Escena bíblica

Técnica: Pintura al fresco

Tamaño: 280 cm × 570 cm

Localización: Capilla Sixtina, Ciudad del Vaticano

A lo largo de la historia, uno de los encargos más locos que ha recibido un artista es, sin duda, el que el papa Julio II le propuso a Miguel Ángel para el Palacio Vaticano en 1508: pintar la bóveda y el ábside de la Capilla Sixtina, uno de los espacios principales de la residencia del Papa. Miguel Ángel, que era un valiente y tanto te construía una cúpula, como te hacía una escultura o te pintaba un gran cuadro, aceptó el reto sin pensarlo dos veces. Las dimensiones de la Capilla son enormes: ¡40 metros de largo y 14 de ancho! Sin ningún tipo de ayuda, el artista trabajó obsesivamente en la bóveda entre 1508 y 1512, pintando un montón de fres-

cos inspirados en la Biblia. En 1536, casi veinticinco años después, se puso a tope con el ábside, donde realizó un megamural dedicado al Juicio Final. El fresco más famoso de dicha bóveda es *La creación de Adán*.

Piensa que *la pintura al fresco es esa pintura que se hace directamente sobre el muro* —tipo grafiti, pero, en vez de con espráis, con pintura—, así que Miguel Ángel se pasó cuatro años subido a altos andamios pintando el techo como un enajenado. El pobre debió acabar con tortícolis y la espalda destrozada... Además, debía pintar en una superficie tan grande que necesitaba bajar constantemente al suelo para ver cómo estaba quedando, ya que desde arriba no tenía perspectiva. Para la decoración, el artista dividió el techo en rectángulos y propuso nueve temas centrales. El más conocido es

La creación de Adán, y en él vemos a un Dios barbudo y canoso que, por contacto divino, crea al primer hombre de la historia cristiana. Curiosamente, Dios se acompaña de algunos ángeles y también de una imagen femenina. ¿Quizá se trate de Eva? Luego veremos... por cierto, ¿has visto qué cachas están los dos hombres? Al ser un escultor muy bueno, cuando pintaba, Miguel Ángel tenía muy en cuenta los volúmenes del cuerpo, así que todas sus figuras parecían recién salidas del gimnasio. Porque ¿no dice la Biblia que Dios creó a Adán a su imagen y semejanza? Pues eso, ¡todo músculo!

Si analizamos la posición de sus brazos, vemos que Dios es diestro y, en cambio, Adán es zurdo, al igual que el propio Miguel Ángel. Otro detalle interesante es que *Adán aparece totalmente desnudo, y por eso vemos que tiene ombligo*. Esto tal vez parezca una tontería, pero el ombligo es un símbolo de nacimiento biológico, de manera que te puedes imaginar que el temita siempre ha generado controversia. Ya sabes, las típicas discusiones entre lo espiritual y lo científico, entre la fe y la razón. En definitiva, si el hombre nace por contacto divino, ¿por qué tiene ombligo?

Pese al protagonismo de las dos figuras masculinas, Miguel Ángel da una gran importancia al entorno que rodea a cada una de ellas. De hecho, quizá es ahí donde el pintor es más experimental e innovador. El espacio de Adán es estático; en cambio, el de Dios parece estar en continuo movimiento, como flotando en el cielo. El hombre aparece tumbado sobre una especie de materia verde que simboliza la Tierra. Hasta ahí bien, más o menos; pero, en el caso de Dios ¿qué es exactamente esa forma rojiza y redonda sobre la que flota su cuerpo? Existen diversas opiniones al respecto, pero la más aceptada considera que podría tratarse de un cerebro. Sí, tal como lo lees. Como buen renacentista, Miguel Ángel tenía conocimientos anatómicos, e incluso se sabe que diseccionó algún cadáver durante su vida (nada macabro, ¿eh?). Así que seguramente sabía cómo era un cerebro humano y pudo reproducir su aspecto en este fresco. En cambio, otros expertos apuestan más por la idea de que podría simbolizar un útero materno. Siguiendo esta última opinión, la especie de tela verde que cuelga —aunque parezca una bufanda molona— podría hacer referencia al cordón umbilical y, por tanto, a la creación de la vida. En realidad, tanto da si el artista quería representar un cerebro o un útero... en cualquier caso, aquello fue supermoderno para su época.

¿Y te acuerdas que hemos dicho que Dios abraza a una figura femenina? *Todo apunta a que podría ser Eva, la primera mujer*, que tal vez espera su turno para ser creada en el mundo terrenal. La casualidad (o no) quiso que Miguel Ángel situase al lado de este fresco el de *La creación de Eva*. Pero en esta versión vecina, tal como dicta la Biblia, Eva nace de la costilla de Adán.

Por último, te voy a explicar una anécdota divertida en relación con los frescos de la Capilla Sixtina, especialmente con el gran mural del Juicio Final. En su momento, *Miguel Ángel pintó todas las figuras desnudas*, pero la Iglesia se escandalizó y decidió censurar aquella falta de pudor. En 1568 —cuatro años después de la muerte del artista— el papa Pío IV le encargó al pintor Danielle di Volterra que tapara las partes íntimas de los personajes con delicadas telas. Afortunadamente, a finales del siglo XX, estos elementos fueron eliminados y se recuperó la versión original de Miguel Ángel.

Ya lo sabes, si vas a Roma, no te olvides de pasar por el Vaticano y visitar la Capilla Sixtina. ¡Es increíble pensar que un solo artista pudo hacer toda esa maravilla!

LAS CLAVES

La creación de Adán

Las dimensiones. Todo es enorme en la Capilla Sixtina. Piensa que mide 40 metros de largo por 14 de ancho. Sí, sí, y la pintó él solito.

Los cuerpos. Miguel Ángel piensa como un escultor, y por eso cuando pinta sus figuras tienen mucho volumen. Fíjate en los músculos de Adán y de Dios.

El espacio simbólico. Adán está en una especie de zona verde (la Tierra) y Dios en una suerte de cerebro o de útero. Es solo teoría, pero es muy extravagante para la época.

Partida de ajedrez

de Sofonisba Anguissola

Autora: Sofonisba Anguissola (Cremona, Italia, 1530 - Palermo, Italia, 1625)

Cronología: 1555

Estilo: Renacentista

Tipología: Retrato

Técnica: Óleo sobre tela

Dimensiones: 72 cm × 97 cm

Localización: Museo Narodowe, Poznan, Polonia

Que en la historia del arte haya un predominio de hombres no quiere decir que no haya habido grandes mujeres artistas. De hecho, las ha habido ¡y muchas! Lo que pasa es que les ha costado mucho más tener la visibilidad y el reconocimiento que se merecen. Y es que en el arte también han hecho mella esas ideas injustas que imperaban en la época de que las mujeres se encargaban de la casa y los hijos, mientras los hombres trabajaban y prosperaban. Así que, durante muchos siglos, las mujeres no pudieron estudiar arte y dedicarse a una vida creativa. No obstante, que lo tuvieran más difícil que los hombres no significa que no lo hicieran. Una de las artistas más

importantes del Renacimiento es Sofonisba Anguissola y, sin ir más lejos, Miguel Ángel fue un gran admirador de su obra.

Sofonisba Anguissola ha tenido un trato muy inmerecido a lo largo de toda la historia del arte. Fue una gran pintora durante el Renacimiento y tuvo mucho éxito, o sea, que consiguió vivir del arte, algo siempre complicado. Pero tras su muerte, a los noventa y seis años, cayó en el olvido y, durante los siglos posteriores, sus obras fueron falsamente atribuidas a autores masculinos. ¡Menuda estafa! Pero es que durante mucho tiempo no estuvo bien visto que una mujer fuera artista, y menos que fuera tan buena como ella. Pero vamos a conocer un poco su historia…

Sofonisba nació en una familia rica del norte de Italia, y fueron sus padres —personas cultas— quienes decidieron educar en el arte y la pintura a sus seis hijas. Por aquel entonces, había un señor llamado Giorgio Vasari, arquitecto, escritor y también pintor, que estaba escribiendo un libro sobre los mejores artistas de su tiempo. Se llamaba *La vida de los más excelentes pintores, escultores y arquitectos.* Pues bien, Vasari vio las pinturas de Sofonisba y decidió incluirla en su obra. Entre los 135 artistas de su recopilación, solo había dos mujeres: la escultora Properzia de Rossi y la mayor de las hermanas Anguissola. En cierto modo, podemos decir que Vasari es uno de los primeros historiadores del arte de todos los tiempos, y ya vio que aquella mujer era ¡una auténtica crack de los pinceles!

Sofonisba destacó especialmente en el retrato, en el que, además de conseguir un gran realismo, insistía en algo muy innovador en aquel momento: reflejar la profundidad psicológica de las personas que retrataba.

Dicho de otro modo, sus obras mostraban lo físico, pero también algunos rasgos de la personalidad de sus modelos. Y sí, a Sofonisba le gustaba pintar retratos, pero la verdad es que tampoco tenía muchas más opciones. Piensa que durante el Renacimiento estaba totalmente prohibido que una mujer estudiara anatomía y dibujara desnudos, así que no podían pintar demasiadas obras de tipo religioso o mitológico, en las que siempre aparecían cuerpos ligeritos de ropa. Quizá por eso Sofonisba llegó a dominar tanto el género del retrato.

En *Partida de ajedrez*, la pintora decide retratar a sus hermanas jugando en lo que parece un jardín o un bosque. Y puesto que una mujer lo tenía más complicado para crear arte, no hay nada en esta obra que sea gratuito, es decir, cada detalle parece reivindicar su condición de pintora y de mujer. En primer lugar, el juego del ajedrez suponía un reto intelectual reservado a los hombres, pero en este caso son unas niñas las que se enfrentan a él y, además, se ¡lo están pasando pipa! A continuación, los ricos ropajes de las hermanas y la alfombra turca sobre la que descansa el tablero reflejan el poder económico de la familia, potenciado además por la presencia de la criada que contempla la acción. Por último, fíjate en un pequeño detalle: *Sofonisba decidió inscribir su nombre en el lateral del tablero*, como buscando una excusa para que este permaneciera para siempre unido a la obra. Fue precavida y solventó de antemano ese «olvido» posterior que hizo que muchas de sus obras fueran atribuidas a hombres. En esta no lo consiguieron.

Esta pintura es una obra típica del Renacimiento, donde los personajes, en este caso las cuatro mujeres, aparecen en primer plano (un poco apretadas) y situadas ante un paisaje natural que se va difuminando para dar esa sensación de espacio y lejanía. Eso es aún un poco torpe, pero en lo que Sofonisba es una auténtica maestra es en el juego de miradas entre sus figuras. De hecho, la artista nos explica muy bien toda la escena a través de dichas miradas. ¡Fíjate! La criada observa a Europa, la pequeña, que a su vez sonríe y mira a Elena, la mediana, que alza su brazo en señal de protesta mirando a Minerva, la mayor, que

parece ganar la partida mientras, con cierta complicidad, nos mira a nosotros. ¿Os acordáis de Vasari? Sí, el historiador del arte. Pues bien, decía que a los personajes de Sofonisba realmente solo les faltaba hablar. Y la verdad es que es cierto: en esta obra casi podemos oír la conversación que estaban manteniendo las hermanas.

LAS CLAVES

Partida de ajedrez

- *Los retratos*. Las mujeres no podían estudiar anatomía ni pintar desnudos, por eso Sofonisba destacó como retratista.

- *Mujer artista*. Cada detalle de esta obra reivindica la condición femenina de su autora y sus dificultades para dedicarse al arte.

- *Las miradas*. Es impresionante cómo podemos recrear la acción de la partida a través del juego de las miradas.

Las meninas

de Diego Velázquez

Autor: Diego Velázquez (Sevilla, España, 1599 - Madrid, España, 1660)

Cronología: 1656

Estilo: Barroco

Tipología: Retrato

Técnica: Óleo sobre tela

Dimensiones: 318 cm × 276 cm

Localización: Museo del Prado, Madrid

Las meninas es la pintura más famosa de Diego Velázquez, y aunque parezca un retrato muy clásico, la verdad es que es superexperimental para su época. La historia es muy sencilla: el rey Felipe IV quería un cuadro enorme sobre su familia y se lo encargó a Velázquez (que ya desde los veinticuatro añitos era pintor de la Corte). Por aquel entonces, el artista, cincuentón ya, estaba cansado de hacer los típicos retratos y llevaba tiempo buscando algo más atrevido. Cuando tuvo a los reyes delante, quietecitos y en silencio, vio la luz: ¿qué pasaría si, en vez de pintarlos a ellos, pintaba también lo que tenía a su alrededor? O mejor aún, ¿qué pasaría si, con esa excusa,

aprovechaba para meterse él también en la escena como un personaje más? ¡Aquello iba a ser lo más moderno que se había hecho en pintura hasta la fecha!

Siendo un retrato real, es curioso que el título no se refiera a la realeza, sino precisamente a las meninas, es decir, a las chicas de familia noble que se encargaban de los cuidados de los hijos y las hijas de los monarcas: unas canguros de lujo, más o menos. Cuando Velázquez lo pintó en 1656, su título era tan soso como *La familia de Felipe IV,* y no fue hasta muchos años después de su muerte, ya en el siglo XIX, cuando el cuadro se empezó a conocer como *Las meninas.* De todos modos, lo más alucinante de esta gran pintura no es que se refiera a las cuidadoras en vez de a las infantas. No, lo más asombroso es el gran retrato de grupo que Velázquez nos

muestra, y también su manera de tratar el espacio. *Los expertos más exagerados dicen que el pintor sevillano fue capaz de pintar hasta el aire de la habitación* (se les va un poco la olla, pero mola). Y claro, eso, dos siglos después, gustará muchísimo a los pintores impresionistas, que verán en Velázquez a un auténtico precursor de las sensaciones y las atmósferas a través de la luz.

Ahora, prepárate para conocer ni más ni menos que a las doce figuras que se pueden ver en *Las meninas,* perro incluido (un mastín, tipo pastor alemán). Y es que más que una pintura, la obra parece una serie de enredos familiares. En primer lugar, en el centro, vemos a la infanta Margarita y sus dos fieles meninas, Agustina de Sarmiento e Isabel de Velasco. A su lado, la señora enana Mari Bárbola y el bufón Nicolasito Pertusato haciendo de las suyas. Sí, sí, lo habéis visto bien: Nicolasito está a punto de dar una patada al pobre mastín.

De momento, el perro no protesta, pero ¡está claro que en breve va a ladrar! Un poco más atrás, a la derecha, aparecen Marcela de Ulloa y Diego Ruiz de Azcona, dos adultos sirvientes del rey. A la izquierda, el propio Velázquez pintando, muy bien vestido, además. Por último, al fondo, está un señor llamado José Nieto Velázquez que observa silencioso desde unas escaleras y ¡atención! ¿ves ese espejo clavado en la pared? Nos ofrece el reflejo borroso de don Felipe y doña Mariana, los protagonistas ausentes de toda la escena. Y eso es porque *Velázquez sitúa a los reyes en el mismo sitio donde estamos nosotros*; es decir, ¡delante del cuadro, no *dentro* del cuadro! ¡Menudo subidón para la historia de la pintura! Fíjate en lo que implica esta decisión: entonces ¿a quién mira Velázquez? ¿A los reyes? ¿A nosotros? Si mira a los reyes, es un buen guiño, pero si nos mira a nosotros… ¡es total! ¡El pintor mira a los ojos a cualquier espectador que contemple su obra! ¡Impresionante!

Quizá ahora no nos sorprende demasiado ver al artista entre los nobles, pero en el siglo XVII no era nada habitual que un pintor apareciera representado al lado de los ricos y poderosos. La sociedad era muy jerárquica, así que la osadía de Velázquez fue un acto heroico: ¡la reivindicación de su condición de pintor! Mira, además, cómo va vestido, el muy listillo. No parece la ropa más cómoda para pintar, y encima ¡no tiene ni una sola mancha de pintura! El pintor exhibe orgulloso sobre su pecho la Cruz de la Orden de Santiago, una especie de club social megapijo al que normalmente no accedían los artistas. No obstante, aquí existen algunas imprecisiones que hacen que las cosas no cuadren… Velázquez pintó *Las meninas* en 1656 y, en cambio, dicha condecoración le fue otorgada tres años después, un año antes de su muerte. ¿Quién pintó entonces la cruz sobre su pecho? Hay quien dice que fue el propio artista, que retocó el cuadro en 1659 para remarcar así su prestigio;

pero también hay otras opiniones más divertidas, como aquellas que consideran que fue el propio Felipe IV quien, en un arrebato creativo, se animó a coger los pinceles y a pintar la crucecita de marras sobre el pecho del pintor. Si fue el rey, la verdad es que no le quedó nada mal.

Y antes de acabar, piensa en otro detalle más que hace de esta pintura una auténtica obra maestra. Evidentemente, en el siglo XVII aún no se había inventado la fotografía, y en cambio *esta escena parece un momento de vida congelado*. Si miras los extremos del cuadro verás que Velázquez tuvo la brillante idea de cortar los objetos y las personas en su escena. Fíjate, por ejemplo, en el bastidor de la pintura o en Nicolasito, que aparece cortado por el límite de la tela sin que eso suponga ningún problema. ¡Guau! Velázquez era tan avanzado a su tiempo que parece que pinte como una cámara de hacer fotos. No es de

extrañar tampoco que artistas posteriores tan importantes como Picasso se obsesionaran con esta obra y quisieran hacer su propia versión.

LAS CLAVES
Las meninas

- El autorretrato. Velázquez pinta a los reyes, pero aprovecha para retratar a los que hay a su alrededor en ese momento. Entre ellos, él mismo.

- El efecto fotográfico. El pintor se centra tanto en los personajes que no le importa cortar la escena, encuadrarla, como si fuera una foto.

- El juego con el espejo. Los reyes solo aparecen reflejados en el espejo. Ellos están situados en el mismo lugar que nosotros: delante del cuadro.

Judit decapitando a Holofernes de Artemisia Gentileschi

Autora: Artemisia Gentileschi (Roma, Italia, 1593 - Nápoles, Italia, 1654)

Cronología: 1620

Estilo: Barroco

Tipología: Escena bíblica

Técnica: Óleo sobre tela

Dimensiones: 199 cm × 162 cm

Localización: Galería de los Uffizi, Florencia

La pintura barroca está repleta de escenas tenebrosas, violentas y dramáticas. Piensa que fue durante los siglos XVII y XVIII cuando los artistas alcanzaron un supercontrol del tratamiento del color y de la luz. Ese dominio técnico hizo que los pintores y las pintoras se empezaran a flipar cada vez más con los detalles y los contrastes, llegando a conseguir un realismo muy impactante, muy recargado y también muy gore. Sí, sí, hay mucha sangre en el barroco, ya verás. Y me refiero explícitamente a pintores y pintoras porque también hay muy buenas artistas durante este período. Lamentablemente, para una mujer seguía siendo más difícil que para un hombre desarrollar una

carrera artística, pero hay casos tan emblemáticos como el de Artemisia Gentileschi, una gran pintora que además tuvo que reivindicar con fuerza su condición de mujer artista, y no lo tuvo nada fácil. Y es que, a pesar de pintar de miedo, tuvo que luchar contra una sociedad machista y un contexto artístico dominado por los hombres. ¡Y vaya si luchó! Hasta tal punto que fue la primera mujer que ingresó en la Academia de las Artes y el Diseño de Florencia.

La primera influencia artística de Artemisia fue su padre, el también pintor Orazio Gentileschi. Este estaba, a su vez, muy influenciado por el tenebrismo de Caravaggio —¿no te suena? ¡el maestro del claroscuro!—, así que la joven artista heredó su fascinación por los fuertes contrastes de luces y sombras. Según cuentan, a ella no le interesaban demasiado

ni los retratos ni los bodegones, sino que prefería la tensión dramática de la pintura religiosa y, más concretamente, tenía predilección por aquellos pasajes bíblicos protagonizados por mujeres que defendían sus derechos ante el dominio masculino. Podemos decir que fue claramente *una precursora del feminismo. ¡Y en pleno siglo XVII!*

Pese a desear ser artista por encima de cualquier otra cosa, Artemisia se topó de bruces con los impedimentos sociales propios de su época, que no eran pocos. Por aquel entonces, las mujeres no podían acceder a las academias de Bellas Artes, reservadas exclusivamente a los hombres. Fue entonces cuando su padre tuvo una idea para ampliar los conocimientos artísticos de su hija. La idea era buena, pero resultó fatídica. Y lamento avisarte de que aquí la cosa se pone muy chunga. Artemisia empezó a formarse en el taller de un colega de su padre, el pintor Agostino Tassi. Hasta ahí todo correcto, pero resulta que, un día, el tal Tassi la violó. Y este terrible suceso dio lugar a un horrible juicio en el que la joven tuvo que someterse a varias torturas y pruebas dolorosas que demostraran la veracidad de su declaración. Y todo para que luego, el violador, declarado culpable, fuera sentenciado a una pena mínima que ni tan siquiera cumplió. Sin comentarios. La documentación de este juicio todavía existe, y permite comprobar el trato discriminatorio a las mujeres durante ese período de la historia.

Vamos ahora al cuadro. Un año después de tan trágico episodio, y con solo veintitrés años, Artemisia firmó su venganza conceptual con esta versión de *Judit decapitando a Holofernes*, un pasaje del Antiguo Testamento de gran tensión y violencia. Manteniendo ese estilo tenebrista tan barroco —*parece incluso que un gran foco de cine ilumine la escena por delante, dejando el resto en total oscuridad*—, la pintora muestra aquí el momento extremo en que Judit y su criada decapitan al general asirio Holofernes.

¡Fíjate en la potencia dramática que tiene todo! Holofernes está dormido y de repente, ¡zas! Judit le corta el cuello con una gran espada y consigue así salvar a su pueblo, que iba a ser invadido por los asirios. *Todos los cuerpos están tensos*. El de Holofernes ante la sorpresa del ataque, y el de Judit y su criada por la fuerza bruta que implica su acto. En definitiva, Artemisia busca la máxima intensidad de la escena: el momento justo en el que la espada justiciera de Judit está matando, en riguroso directo, al malvado Holofernes. La acción es brutal, rollo cine gore. ¡Venga sangre a borbotones! Y es que los efectos especiales de la pintura de Artemisia son buenísimos. ¡Son como los de una película de terror! Y no una de esas de serie B con kétchup barato para simular la sangre... nada de eso: ¡aquí estamos hablando de una superproducción!

Y es que, durante el barroco, se puso muy de moda esto de la pintura un poco gore, así que la muerte de Holofernes a manos de Judit se convirtió en un tema estrella. De hecho, fue representado por muchos artistas masculinos, entre ellos Caravaggio. Ahora bien, nadie llegó nunca a la violencia y dureza de la versión de Artemisia. Esto se debe, quizá, a que su obra no es solo la representación de un pa-saje bíblico violento; es decir, no sirve solo para ilustrar ese momento impactante. ¡Qué va! Esta obra es mucho más que eso: es una auténtica declaración de intenciones y una denuncia pública en toda regla. *Sí, es la espada de Judit, pero, simbólicamente, esa espada es también la de Artemisia y la de todas las mujeres.*

LAS CLAVES

Judit decapitando a Holofernes

- El drama. La pintura barroca busca los momentos de máxima tensión; en este caso la «retransmisión» en directo de la muerte de Holofernes.

- Luces y sombras. Artemisia usa de un modo magistral la técnica del claroscuro, que le permite intensificar la escena.

- Feminismo. Esta obra manifiesta un fuerte compromiso feminista. Artemisia se enfrenta al dominio masculino, tanto en el arte como en la vida en general.

El caminante sobre el mar de nubes

de Caspar David Friedrich

Autor: Caspar David Friedrich
(Greifswald, Alemania, 1774 - Dresden,
Alemania, 1840)

Cronología: 1818

Estilo: Romántico

Tipología: Paisaje

Técnica: Óleo sobre tela

Dimensiones: 74,8 cm × 94,8 cm

Localización: Kuntshalle de Hamburgo

Caspar David Friedrich era un romántico. Sí, ya sé que en la actualidad, cuando decimos que algo es romántico inmediatamente nos vienen a la cabeza el amor, los sentimientos y un kilo de azúcar. Pero en realidad es más que eso: cuando nos enamoramos experimentamos un estado de ánimo exaltado, que no nos deja vivir en paz, y precisamente esta sensación fue la esencia del arte de finales del siglo XVIII e inicios del XIX. Los artistas llegaron a la conclusión de que la razón y la lógica eran cosas muy aburridas, así que optaron por liberarse y dejarse llevar por lo sentimental; es decir, decidieron expresar en sus pinturas sensaciones tan individuales e inten-

sas que se escapaban del sentido común. Todo se volvió más pasional, más épico y más melancólico, y eso les llevó a inspirarse muy especialmente en las fuerzas de la naturaleza. Total, que se pusieron como locos a pintar tormentas, naufragios, acantilados, cascadas y altas montañas. Pero, sin duda, los paisajes más sobrecogedores del romanticismo son los de Caspar David Friedrich.

Una de las cosas más alucinantes que podemos descubrir de los románticos es la idea de lo sublime. ¿Sabes lo que es? Es ese ánimo que nos invade ante algo que es demasiado bello; *una belleza tan extrema que nos conmueve y nos asusta a la vez*. Esa es la conexión que los pintores románticos buscaban con la naturaleza. Una naturaleza tan salvaje y misteriosa que el ser humano solo podía contemplarla con admiración y temor. En definitiva, lo sublime tiene que ver con aquello que nos seduce y a la vez tememos. Tranquilo, no estaban locos y si lo piensas bien, quizá tú también lo habrás sentido en algún momento. ¿No te ha pasado alguna vez, por ejemplo, en un acantilado frente al mar? ¿O en cualquier precipicio muy alto? Tienes ganas de acercarte más para mirar hacia abajo, pero a la vez te da miedo. Algo parecido le ocurre al personaje de *El caminante sobre el mar de nubes*.

Friedrich jugaba con esta idea en sus cuadros. Por eso, el pintor utiliza casi siempre personajes de espaldas que, melancólicos y en silencio, observan un paisaje natural de gran belleza; un paisaje tan perfecto que les hace sentir pequeños e insignificantes ante la inmensidad de la naturaleza. Era un poco intensito, sí.

En esta obra, vemos a un hombre bien vestido justo en la cima de una montaña. Su ropa es elegante; de entrada, poco práctica para la escalada. En la escena, destacan las montañas lejanas que ese individuo observa y las nubes bajas que cubren el paisaje. La espesa niebla nos hace pensar que realmente se encuentra en una cima muy muy alta. Ante la fuerza del paisaje, el caminante se muestra un poco débil y, aunque esté en el centro de la composición, su papel es claramente secundario. Una vez en la cima, ya no puede avanzar más, así que solo puede quedarse observando la majestuosidad del lugar. *La naturaleza siempre gana por goleada a la humanidad... o al menos eso es lo que defienden los románticos.*

Hay quien dice que este señor de espaldas podría ser el propio artista, pero hay otros más malpensados que opinan que Friedrich siempre pintaba sus figuras así porque no era muy bueno con las caras. Eso no podemos saberlo, pero sí podemos confirmar que era un portento pintando paisajes.

Pese a todas estas teorías, que el hombre esté de espaldas y no tenga rostro es, en realidad, una gran ventaja. Permite pensar en esa persona como alguien anónimo, que —simbólicamente— podría ser cualquiera de nosotros. De hecho, *las pinturas de Friedrich crean un bonito juego de miradas.* Ya verás, te va a gustar. Por un lado, está el personaje de espaldas, pero después también estamos nosotros que, como espectadores del cuadro, observamos a la persona que contempla el paisaje. O sea, que vemos el paisaje a través del personaje que mira el horizonte. Y esa idea es tan buena que ha sido copiada en la actualidad por muchos otros creadores. Seguro que conoces el famoso videojuego *The Legend of Zelda*. Visualízalo. ¡Ajá! Lo has pillado, ¿verdad? Una de sus imágenes más conocidas es precisamente esa panorámica en la que vemos a la princesa guerrera, de espaldas, en lo alto de una roca ante un gran paisaje de montañas lejanas. Fuerte, ¿eh?

Pero continuemos con la obra. Sabemos que esas montañas nublosas corresponden a la zona montañosa de Sajonia, en Alemania, donde el artista se refugió durante un tiempo huyendo de las guerras napoleónicas. Incluso podemos identificar algunas de las montañas que vemos en el cuadro, como el monte Rosenberg, a la izquierda (de pendiente más suave), o la atalaya Zirkelstein (que parece una de esas rocas típicas del Gran Cañón del Colorado), a la derecha. Ambas aparecen medio difuminadas por el efecto atmosférico de la niebla. No obstante, aunque son zonas reales, Friedrich prefería pintar la naturaleza tal como la sentía, más que representarla como era en realidad: por eso sus paisajes son tan misteriosos e inquietantes.

¡Ojo! Un dato importante que no podemos pasar por alto: *Friedrich era muy creyente, por eso sus obras incorporan un toque muy espiritual.* Siguiendo esta lectura mística, las rocas representarían el mundo terrenal, y las nubes y las montañas lejanas el mundo superior y casi divino: la naturaleza en su máximo esplendor. Y entre las rocas agrestes y las nubes incontrolables nos encontramos nosotros, pequeñitos, débiles y siempre de espaldas. ¡No me digas que no es pura intensidad romántica!

LAS CLAVES

El caminante sobre el mar de nubes

- Lo natural y lo humano. Sus paisajes siempre incorporan a personas de espaldas admirando la inmensidad y la belleza de la naturaleza.

- La melancolía. Los románticos se dejan llevar por los sentimientos y las emociones. Sí, todo es muy intenso y muy pasional.

- Lo sublime. En esa tensión entre hombre y naturaleza reside aquello que nos resulta sobrecogedor; aquello que nos fascina y nos asusta a la vez.

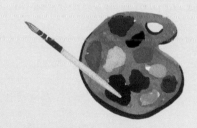

Perro semihundido

de Francisco de Goya

Autor: Francisco de Goya
(Fuendetodos, Zaragoza, España,
1746 - Burdeos, Francia, 1828)

Cronología: 1820-1823

Estilo: Romántico

Tipología: Retrato

Técnica: Pintura mural trasladada
a lienzo

Dimensiones: 131,5 cm × 79,3 cm

Localización: Museo del Prado,
Madrid

Francisco de Goya fue un gran pintor de la Corte española. Ahora bien, la obra que estás viendo no tiene nada que ver con un simple retrato de un rey, sino con algo mucho más profundo y siniestro. La verdad es que le tocó vivir una época complicada: el paso del siglo XVIII al XIX, un tiempo en el que España sufrió una fuerte crisis provocada por la pérdida de sus colonias y por la guerra contra los franceses de Napoleón. Seguramente por eso, Goya siempre supo incluir una mirada muy crítica y reivindicativa en sus obras, en las que intentó plasmar la injusticia, el sufrimiento y la ansiedad del ser humano. ¡Agárrate, que Goya viene cargado de intensidad!

Una de las series más emblemáticas e inquietantes del artista son las «Pinturas negras», llamadas así por la oscuridad de sus colores y sus temas. Estas pinturas son muy tenebrosas, pero, entre ellas, hay una que destaca por ser más extraña que las demás; estamos hablando, quizá, de la pintura más misteriosa de Goya. En ella vemos la cabeza de un perro, poco más.

Y es que esta pintura, *Perro semihundido*, tiene muuucha tela. Resulta que, en 1819, Goya compró una finca en las afueras de Madrid que se llamaba la Quinta del Sordo. Menudo nombre, ¿no? Antes de seguir, hemos de aclarar algo. A causa de una enfermedad rara, el artista aragonés fue perdiendo progresivamente la audición, hasta el punto de quedarse totalmente sordo. Tal vez esto ya lo sabías o, al menos, te sonaba. Pues bien, el nombre de la casa no hace alusión a la sordera de Goya, puesto que la finca ya se llamaba así cuando el pintor la compró. Caprichos del destino, parece ser que el anterior propietario ¡también estaba sordo! Pero, ahora viene lo siniestro: aislado y encerrado en sí mismo, Goya pasó en esta casa los últimos años de su vida, justo antes de exiliarse a Burdeos, donde murió en 1828. *El artista se dedicó a pintar obsesivamente las paredes de las dos plantas de la casa con dramáticas imágenes* que manifestaban su visión tétrica y desencantada del mundo. ¡Qué mal rollo! Y es que convivir diariamente con esas escenas no debía de ser muy agradable…

Entre las catorce pinturas negras de la Quinta del Sordo destacan imágenes escabrosas, con monstruos y seres decrépitos, todos dignos de aparecer en una escalofriante peli de terror. En cambio, la escena del perro sorprende por su sencillez; una sencillez que, de hecho, ¡se avanza casi un siglo a su tiempo!

Fíjate, en la obra tan solo aparece la cabeza de un perro y todo lo demás lo inundan los colores amarillos y ocres. *Está tan vacía que casi parece una pintura abstracta.* Y claro, en la época de Goya eso de la abstracción no existía. La idea es que la pintura abstracta no se basa en la figuración ni en cosas de la realidad que podamos reconocer, sino que más bien se centra en sensaciones derivadas de las formas y el color. Pues bien, algo muy similar ocurre con este escenario ocre que rodea al perro. ¿Ves lo impactante que es esta pintura? Goya incorpora aquí un lenguaje simbólico totalmente innovador y revolucionario.

No obstante, existen muchas teorías sobre esta obra, y algunas de ellas defienden que la obra realmente debió de quedar inacabada (bajón) o que quizá Goya decidió borrar un paisaje con unos pájaros y una gran roca (doble bajón). Si esto fuera cierto, la cosa cambiaría, puesto que el perro ya no miraría hacia ese vacío existencial (más propio del desánimo humano que del animal), sino que simplemente contemplaría despistado a unos pajarillos en el campo.

Pero vamos a centrarnos ahora en el perro. En teoría —y así lo indica también el título— la tendencia es a pensar que el pobre chucho debía de estar en una especie de terreno pantanoso, movedizo, y que, poco a poco, su cuerpo nervioso se habría ido hundiendo hasta el cuello. *Por mucho que se esfuerce, está atrapado, así que sus ojos cansados, tristes, parecen anticipar la derrota.* Siento ser tan malrollero, pero esos ojos tiernos parecen estar esperando a la muerte. Pero ¿la de quién? ¿la del perro? ¿la de Goya? ¿la de la humanidad, en general? De nuevo nos encontramos en ese terreno tan simbólico y tan poco habitual en una pintura de inicios del siglo XIX.

La pintura de Goya es alucinante, pero sí, él no era muy alegre. Fíjate cómo de oscuro era que algunas opiniones expertas consideran que esta obra es la más optimista y vital de todas las encontradas en la casa. Tanto que, pese a hallarse en las mismas paredes que las demás, ponen en duda incluso que *Perro semihundido* forme parte de la serie «Pinturas negras». Bien pensado, la cara tristona del perro es a la vez la imagen más amable y ¡más humana! de la totalidad de los rostros que aparecen en todas esas pinturas. ¡Es que en la Quinta del Sordo todo era muy siniestro!

Ahora voy con algo que seguro que te estarás preguntando desde hace rato. ¿Cómo puede ser que Goya pintara esas escenas enigmáticas en las paredes de la casa y ahora estas se encuentren colgadas en el Museo del Prado? Además, otro detallito a tener en cuenta: la Quinta del Sordo fue destruida a inicios del siglo XX. La explicación es fácil. En 1873, un banquero francés pensó que vender aquellas pinturas podría ser un supernegocio (pensó

que se iba a forrar, vamos), así que decidió extraerlas del muro y montarlas sobre lienzo. Cuando el pobre hombre se dio cuenta de que nadie estaba interesado, desilusionado, las donó al Museo del Prado. Y menos mal, ¿no? Imagínate ir ahora a ese museo y no poder contemplar esas impresionantes pinturas negras de Goya, perro incluido.

LAS CLAVES
Perro semihundido

- Las pinturas negras. Son una serie de imágenes siniestras y atormentadas. Esta del perro es una de las más raras.

- La relevancia. Es una obra que se aproxima a la pintura abstracta cuando aún faltaba casi un siglo para que se inventara.

- La crítica social. Goya fue un artista muy comprometido con el mundo que le había tocado vivir y usó sus pinturas como sistema de denuncia.

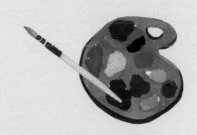

La gran ola de Kanagawa

de Hokusai

Autor: Katsushika Hokusai (Tokio, Japón, 1760-1849)

Cronología: 1830-1833

Estilo: *Ukiyo-e*

Tipología: Grabado

Técnica: Estampa

Tamaño: 25 cm × 37 cm

Localización: Museo Metropolitano de Nueva York

El ukiyo-e es una técnica japonesa de grabado muy utilizada para hacer estampas. Ya sabes que el grabado tiene la ventaja de poder hacer copias —es decir, de ir más allá de la obra única—, así que las estampas serían más o menos una especie de cromos que se pusieron muy de moda en Japón entre los siglos XVII y XIX. En su momento no se consideraba arte, sino una forma de coleccionismo popular y asequible. El sistema consistía en hacer primero un dibujo para luego pasarlo a una plancha de madera que, posteriormente, permitía hacer diferentes impresiones. Estás flipando, ¿verdad? Para que nos entendamos, sería algo parecido a una fotocopia-

dora artesanal. Durante el siglo XIX, las estampas japonesas llegaron a Europa, y artistas como Van Gogh o Monet quedaron maravillados por la belleza de sus imágenes. *La gran ola de Kanagawa* es la más conocida de estas estampas.

Hokusai es el artista más famoso del uki-yo-e y, con el paso del tiempo, su gran ola se ha convertido en una joya de la historia del arte nipón. Casi parece un resumen visual de toda la cultura japonesa, ya que incorpora un símbolo tan emblemático como el monte Fuji, que es la montañita nevada que ves al fondo de la imagen (bueno, una montañita de ¡casi 4.000 metros de altura!). De hecho, este monte sagrado fue una de las grandes obsesiones del artista, y esta estampa forma parte de una serie llamada «Treinta y seis vistas del monte Fuji». En cada una de ellas, Hokusai muestra escenas costumbristas propias de la cultura japonesa, pero siempre con la presencia solemne de la montaña. Pese a su protagonismo, el artista centra aquí la acción en esa gran ola que dificulta la navegación de las barcas. Por el punto de vista, sabemos que se trata de la bahía de Tokio, y en las sencillas barcas de pesca podemos ver a una serie de disciplinados personajes que capean el temporal de manera ordenada. Sí, esa disciplina es muy japonesa. Seguro que, si la imagen fuera europea, la barca ya sería un caos con todo el mundo gritando y haciendo las cosas a lo loco. Dicho de otro modo, el dramatismo de la escena —en que el mar podría engullir en cualquier momento a los barcos— está tratado de un modo muy elegante y sereno, muy zen incluso. Se trata de una situación tensa muy propia del arte romántico, en la que el hombre lucha contra las fuerzas indomables de la naturaleza. Además, fíjate qué detalle tan bonito:

al estar en primer plano, *la ola es mucho mayor que el monte, y su abundante espuma se convierte en pequeños copos de nieve que caen sobre la cima del Fuji.* Así, mar y montaña se fusionan como si fueran un mismo lugar.

Pese a que, inicialmente, la imagen nos haga pensar en un tsunami —esto es, en un terrible maremoto—, el fenómeno natural que nos muestra Hokusai es más bien el de la ola gigante: varias olas que se funden en una única, espectacular y grandiosa. Teniendo en cuenta el tamaño de las barcas, algunos expertos consideran que la gran ola que vemos podría alcanzar aproximadamente los 10 o 12 metros. Como complemento, Hokusai decidió incorporar en primer plano otra ola más pequeña. ¿A qué te recuerda esta segunda ola que no parece romper tan fuerte? *Exacto, ¡tiene la misma forma que el monte Fuji!*

A nivel técnico, en esta estampa destaca la precisión y pulcritud del dibujo. El artista utiliza contornos gruesos y seguros que recuerdan al mundo del cómic, del diseño gráfico o incluso del tatuaje. De hecho, no es extraño ver a personas con la gran ola de Hokusai tatuada en el cuerpo: algún surfero o modernillo. Incluso, voy más allá: ¿conoces la marca Quicksilver? Sí, esa de ropa surfera y deportiva. ¿No te suena familiar su logo? Se inspira totalmente en la gran ola y el monte Fuji de Hokusai.

Desde un punto de vista más filosófico, hay quien ve en esta escena el debate universal entre el yin y el yang. ¿Te suena todo esto? Sí, hombre, la creencia oriental (en este caso de origen chino, no japonés) que considera que el universo está formado por dos fuerzas opuestas y complementarias. En la obra, el yin estaría representado por la acción brutal de la naturaleza, y el yang por el equilibrio sereno del monte Fuji. En definitiva, la vida y la muerte unidas en un único momento.

¿Ves que hay dos inscripciones en japonés a la izquierda, en la parte de arriba? En la primera pone «Treinta y seis vistas del monte Fuji, en alta mar de Kanagawa, bajo la ola». Recuerda un poco a las postales turísticas, ¿verdad? En la segunda, aparece la firma del artista: «Pintura de la brocha de Hokusai, que cambió su nombre a Iitsu». ¡El artista no solo era creativo a la hora de pintar! Cambió de nombre varias veces en su vida, aunque se hizo famoso con el de Hokusai.

Y antes de acabar, un último detalle. Piensa que los japoneses leen al revés que nosotros; es decir, ellos lo hacen de derecha a izquierda. Aunque esto no parezca relevante, lo es, ¡y mucho! *De hecho, la primera impresión de esta obra es muy distinta para un oriental.* Para nosotros, parece que la barca vaya hacia

la derecha y que, por tanto, la ola haya quedado atrás. Pero un japonés lo ve claro: esa barca va hacia la izquierda. ¡De cabeza a la ola, vamos! ¡Uf, qué subidón! Realmente, ¡esto es auténtico romanticismo nipón!

LAS CLAVES
La gran ola de Kanagawa

- El ukiyo-e. Es una técnica japonesa de grabado que servía para hacer estampas. Fueron muy populares y se distribuyeron por todo el mundo.

- El monte Fuji. Esta montaña fue una de las grandes obsesiones de Hokusai. De hecho, es la gran protagonista de esta obra.

- La tensión. Pese a la tensión de la escena, la composición mantiene una sensación de calma, de sosiego... todo muy zen.

La caza de mariposas

de Berthe Morisot

Autora: Berthe Morisot (Bourges, Francia, 1841 - París, Francia, 1895)

Cronología: 1874

Estilo: Impresionista

Tipología: Paisaje

Técnica: Óleo sobre tela

Dimensiones: 46 cm × 56 cm

Localización: Museo de Orsay, París

Tal como indica su nombre, el arte impresionista hizo precisamente eso: destacar la impresión subjetiva de las cosas por encima de todo. Estamos ya a finales del siglo XIX, y se ha avanzado tanto a nivel técnico, que los artistas necesitan inventar nuevas maneras de mirar aquello que los rodea. Todo cambia muy rápido, también el arte. Así nace este estilo, buscando más las sensaciones y las emociones que la fiel representación de la realidad. Para ello, los impresionistas insisten en los matices del color mediante pinceladas sueltas, borrosas incluso, que apuestan por generar un ambiente, una atmósfera que rodee y seduzca al espectador. Es decir, el im-

presionismo es muy sensorial, casi como si pudieras entrar en el cuadro y sentir el viento, oler las flores, tener frío… La pintora Berthe Morisot era realmente una gran maestra creando estas atmósferas.

Quizá te suenen algunos grandes pintores impresionistas, como por ejemplo Édouard Manet, Claude Monet, Camille Pisarro, Edgar Degas o Alfred Sisley, pero hay también algunas pintoras que son menos conocidas y que, no obstante, son buenísimas; tanto o más que sus colegas masculinos. Pienso por ejemplo en Mary Cassatt, Eva González, Marie Bracquemond o Berthe Morisot. Si hubiera existido un grupo de WhatsApp de impresionistas, ellas formarían parte de él sin ninguna duda. Todos tenían inquietudes idénticas, muchos eran amigos entre ellos y, además, presentaban sus innovadoras y controvertidas obras

en los mismos Salones de París. Ahora bien, las mujeres eran las que debían cuidar de la casa, los hijos... y eso hacía que, en muchas ocasiones (en casi todas, vamos), estas pintoras tuvieran serias dificultades para sacar adelante su trayectoria artística.

Pero entremos concretamente en la vida de Berthe Morisot. Aun siendo quizá de las más valientes a la hora de pintar, no pudo acceder a la Academia de Bellas Artes —¡otra vez, los estudios artísticos especializados eran solo para hombres!— y tuvo que formarse de manera independiente en el taller de otros pintores. Así conoció la escena artística de la época, muy centrada en París (*oui, oui, excuse moi*, se me ha olvidado decirte que el impresionismo fue un movimiento muy muy francés), y entró en contacto con artistas muy influeyentes, como Édouard Manet. Morisot lo conoció un día en el Museo del Louvre, donde este estaba como un loco pintando cuadros antiguos. Desde entonces, *Manet fue una gran influencia para ella, sobre todo en lo que se refiere a los retratos.* De hecho, en 1874, Berthe se casó con Eugène Manet, su hermano, que también era pintor, aunque menos famoso.

Justo ese mismo año, Morisot pintó esta escena campestre. *La caza de mariposas* es una de las grandes obras de la artista, y en ella podemos apreciar toda la potencia de su pintura, tanto a nivel de retrato como de paisaje. *Fíjate en que la escena se construye básicamente mediante manchas de color que dan forma al lugar y a las personas.* Así consigue esa sensación ambiental de la que hablábamos antes. De hecho, si miraras este cuadro de muy cerca, solo verías las manchas, como si fuera una pintura abstracta; en cambio, al tomar distancia, tu visión, ella solita, va haciendo la composición. ¡Es pura magia! Se trata de un paisaje de bosque, o más bien de

jardín, en el que vemos a una mujer —los expertos dicen que seguramente se trata de su hermana Edma— con varios niños que juegan a cazar mariposas. Las escenas de Morisot siempre solían mostrar momentos íntimos y familiares, por lo que aparecían retratados sus seres más cercanos. Y piensa una cosa, aunque parezca mentira, la sociedad de la época consideraba deshonrosa y vulgar la pintura a *plein air* (el pintar al aire libre) de los impresionistas, y más aún si lo hacía una mujer. Así que quizá esto explica por qué la mayoría de las obras de Morisot se centran en escenarios domésticos y cotidianos.

Mira qué suelta y espontánea se muestra su pincelada; *parece incluso que la pintura esté inacabada,* ya que, por ejemplo, los niños apenas tienen rostro… pero no importa. Lo que busca aquí la artista es algo más sensorial: busca que puedas sentir el clima fresco del lugar, donde parece que el sol ya no caliente, quizá porque se hace tarde; busca que puedas empatizar con el juego infantil de cazar mariposas. Incluso, casi parece animarte a que encuentres alguna pequeña mariposa entre todas esas pinceladas. En definitiva, Morisot busca que formes parte de la escena. Así que, venga, ¡a cazar mariposas tú también!

Pese a sus dificultades por ser mujer artista, Berthe Morisot pudo desarrollar una buena trayectoria en este ámbito, participando regularmente en los Salones de París y organizando también exposiciones individuales en diferentes galerías de la ciudad. La pobre murió joven a causa de una enfermedad (solo tenía cincuenta y cuatro años), pero realmente fue una figura muy importante para el impresionismo. En 1890, ya en un momento de madurez creativa, escribía en uno de sus diarios sobre sus preocupaciones al respecto de su condición femenina en el mundo masculino del arte: *«No creo que exista un hombre que haya tratado a una mujer como su igual, y es todo lo que pedí; sin embargo, estoy segura de que valgo tanto como ellos».* ¡Estamos de acuerdo contigo, Berthe!

LAS CLAVES

La caza de mariposas

- La sensación. La pintura impresionista busca trasladar las emociones del momento al espectador.

- La intimidad. Sus obras suelen mostrar momentos cotidianos, en los que retrata a sus allegados.

- La pincelada. Los trazos de Morisot son ágiles, espontáneos y muy libres. Es una de las pintoras más innovadoras del impresionismo.

El pensador
de Auguste Rodin

Autor: Auguste Rodin (París, Francia, 1840 - Meudon, Francia, 1917)

Cronología: 1880-1903

Estilo: Impresionista

Tipología: Escultura

Material: Bronce

Dimensiones: 180 cm × 98 cm × 145 cm

Localización: Museo Rodin de París

Pese a que nos pueda parecer un arte bastante clásico, los impresionistas fueron unos modernos ya a finales del siglo XIX. Sus pintores y escultores decidieron representar la realidad de otra manera. Bueno, o más bien se vieron obligados por las nuevas tecnologías. Sí, sí, has oído bien, las nuevas tecnologías. Pocos años antes se había inventado la fotografía así que, aunque el artista dedicara un gran esfuerzo a mostrar las cosas tal como eran, ¡zas!, llegaba el fotógrafo y lo hacía mejor y más rápido. Visto lo visto, los impresionistas decidieron olvidarse de la exactitud y dejarse llevar por las impresiones y las sensaciones para captar así los cambios constantes

de la vida. Todo se volvió más subjetivo, más efímero, y claro, esto no gustó ni al público ni a la crítica de la época, que no estaban acostumbrados a ese nuevo estilo y creían que las obras de los impresionistas estaban muy mal hechas. Sin duda, el escultor más importante de este movimiento artístico fue Auguste Rodin, cuya obra más famosa es *El pensador*.

Quizá pienses que Rodin fue un gran artista. Y sí, es cierto, pero si nos fijamos en sus inicios, la verdad es que de joven no parecía ir muy bien encaminado artísticamente hablando… El pobre Auguste fue rechazado hasta tres veces en la Escuela de Bellas Artes de París, y aquello supuso un gran bajón para su autoestima. Tras las negativas de la Escuela, decidió aprender por su cuenta trabajando como decorador para otros artistas. De todos modos, su mayor fuente de inspiración no sería ni la

universidad ni sus maestros de taller, ni incluso nada ni nadie de su época. Aunque entonces él aún no lo sabía, su mayor influencia iba a ser la escultura de Miguel Ángel. En 1875, Rodin viajó a Roma, y fue allí donde flipó con las esculturas del italiano. La fuerza contenida de sus cuerpos y su valentía al dejar inacabadas algunas partes le parecieron ideas mucho más rompedoras que lo que estaban haciendo sus colegas escultores en Francia. Total, que aquel viaje cambió para siempre su modo de entender la escultura. Al volver, sus formas se hicieron más expresivas, menos acabadas, incorporando texturas que acentuaban los efectos de la luz. ¡Esa era la nueva escultura impresionista! *Una escultura que miraba más al interior que al exterior de las personas.* Seguro que has oído hablar del retrato psicológico, ¿verdad? Esos retratos que exhiben más la manera de ser que el aspecto físico… Pues bien, ese fue el objetivo de Rodin en esta escultura.

¿Sabías que Rodin recibió su primer encargo cuando tenía cuarenta años? Sí, le llegó el reconocimiento un poco tarde, aunque valió la pena porque resultó ser uno muy muy bueno. El Estado francés le propuso la decoración de las puertas de acceso al Museo de Artes Decorativas de París. Aquello era todo un honor, pero su idea fue tan ambiciosa que nunca consiguió acabarlo. *Rodin se propuso representar las Puertas del Infierno, inspirándose en La Divina Comedia de Dante, y creando todas las figuras que aparecen en la escritura del poeta.* Sí, sí, era muy guay y todo lo que tú quieras, pero suponía hacer 186 figuras y eso era de locos para una sola persona. No obstante, de allí salieron algunas de sus obras más importantes, esculturas que estaban pensadas para ir en esa puerta, pero que se convirtieron en estatuas independientes.

El pensador debía ser la pieza central de la puerta y Rodin se inspiró en Dante para darle forma; no en su aspecto físico, sino en su condición de poeta: aquel que piensa y crea a través de la imaginación. El primer título de la escultura fue *El poeta*. Sé lo que estás pensando: «¡Uy, qué original!», pero, poco a poco, la figura fue liberándose de la sombra de Dante para convertirse más bien en un símbolo universal del ser pensante. El hombre aparece en actitud reflexiva y, curiosamente, es ese acto mental el que mantiene en tensión todos los músculos de su cuerpo. Rodin lo explicaba así: «Lo que hace que mi pensador piense es que piensa no solo con el cerebro, las cejas fruncidas, las aletas de la nariz distendidas y los labios apretados, sino también con cada músculo de los brazos, la espalda y las piernas, con los puños cerrados y los dedos de los pies encogidos». Y tiene toda la razón, eso es lo más alucinante de esta escultura: *pensar es tan poderoso que se convierte en un gran esfuerzo físico.*

El pensador

Rodin rompió con la escultura aburrida de su época. Dejó de lado la posición frontal y trabajó la obra para que pudiera ser vista desde todos los ángulos. Además, no tenía ningún problema en enfatizar ciertas partes de la anatomía —como en este caso la cabeza, las manos y los pies, que son más grandes y rompen con la proporción correcta del cuerpo masculino—. «¡Da igual!», pensaba el escultor francés: la sensación de realidad es más importante que la realidad misma. Para ello, combinaba partes muy muy trabajadas con otras casi sin tratar, como la roca en la que se sienta el hombre.

Y ¿cómo puede ser que existan varias versiones de El pensador? Calma. No, no son falsos. Piensa que Rodin trabajaba sus figuras primero en arcilla para luego fundirlas en bronce. ¡Este sistema permite hacer copias! Existen varias repartidas por el mundo, pero la original medía 70 centímetros y la que está en el Museo Rodin de París (ya en bronce), mide 1,80 metros. Eso sí, sentadito en su roca. Imagínate su altura si el pensador se levantara…

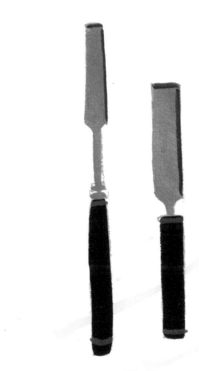

LAS CLAVES
El pensador

- Pensar con el cuerpo. Esta escultura no busca representar la realidad (es decir, un hombre que piensa), sino que convierte el acto de pensar en una acción atlética.

- Obra inacabada. Para reforzar la intensidad de su pensamiento, algunas partes se muestran sin terminar.

- Las copias. Rodin trabajaba las piezas en arcilla y luego las fundía en bronce. Por eso hay más de una copia de *El pensador*.

La noche estrellada

de Vincent Van Gogh

Autor: Vincent Van Gogh (Zundert, Países Bajos, 1853 - Auvers-sur-Oise, Francia, 1890)

Cronología: 1889

Estilo: Postimpresionista

Tipología: Paisaje

Técnica: Óleo sobre tela

Dimensiones: 92 cm × 74 cm

Localización: Museo de Arte Moderno de Nueva York

De artistas atormentados hay a patadas en la historia del arte, pero ninguno como este holandés que llegó a cortarse una oreja y, según parece, se suicidó a la edad de treinta y siete años. Y digo «según parece» porque hay historiadores que defienden que fueron unos chavales los que le dispararon accidentalmente en 1890. ¡Ups! La vida de Vincent Van Gogh es para hacer una serie de siete temporadas (de hecho, ya se han rodado varias pelis sobre su vida) y es que todo en Van Gogh es *muy* intenso. Incluso su estilo, llamado postimpresionista; porque a Van Gogh el impresionismo se le quedaba corto, está claro. En sus cuadros, los colores son más expresivos y

su actitud es más visceral. Fíjate en *La noche estrellada,* una de sus obras maestras. Parece un paisaje tranquilo… pero no te engañes, no existe la tranquilidad en Van Gogh.

De entrada, una noche estrellada nos debería evocar algo bonito, ¿verdad? Pues en Van Gogh no es así exactamente. Y es que, para entender este cuadro, tenemos que ponernos en la piel del pintor. Para empezar, aunque no podrías adivinarlo nunca con solo ver el lienzo, Vincent contempló esta escena nocturna desde su habitación en el sanatorio de Saint-Rémy-de-Provence, en el sur de Francia, donde estuvo internado hacia el final de su vida debido a problemas mentales. ¡Guau!, vale. Pero es que, además, sabemos gracias a las cartas que Van Gogh escribía a su hermano que su ventana tenía barrotes y claro, ver la noche a través de ellos ya no es lo mismo. En

segundo lugar, tampoco está del todo claro que el paisaje que aparece en el cuadro exista de verdad. Quizá esto ahora no parezca muy importante, pero en el siglo XIX no gustaba demasiado que los artistas se inventaran las cosas, que digamos. El arte debía ser riguroso con aquello que mostraba, *pero este pintor holandés era todo un rebelde y no tenía problemas en expresar las cosas a su manera.* Y si eso implicaba cambiar los colores, los puntos de vista o lo que fuera, pues ¡adelante! En cierto modo, se estaba avanzando a su tiempo. Lo de mostrar los efectos cambiantes de la realidad como habían hecho los impresionistas estaba demasiado visto, así que Van Gogh prefería pintar algo más intenso: su visión alterada y casi alucinatoria de dicha realidad. Y de ahí la etiqueta molona de postimpresionista. Y esa libertad creativa suya sí que se ve en el cuadro (¡por fin!) pero tendrías que ser un experto en arquitectura del siglo XIX para darte cuenta (¡bajón!). Resulta que ese tipo de casas —sobre todo el campanario— no son propias del sur de Francia, es decir que desde su ventana no podía ver el pueblo tal como lo muestra el cuadro. No pasa nada, pensó, me lo invento y así incluso puedo hacer el pueblo un poco más holandés.

Vale, ahora que ya tienes un poco de contexto, vamos a por la escena: *¿verdad que casi parecen dos cuadros distintos en uno?* En serio, mira el cielo. Es sobrecogedor, con esas grandes pinceladas circulares, esos remolinos de color y esos brochazos tan agresivos. Algunos son supergruesos porque ¡Van Gogh los pintaba directamente con los dedos! ¿No te transmiten tensión, movimiento, ganas de ponerte a cubierto porque a lo mejor te cae un meteorito en la cabeza? Pues sí. Seguramente eso es lo que sentía Vincent también.

En cambio, mira la parte baja de la escena: en la imagen fría y azulada del pueblo dormido dominan líneas rectas y cortas. Parece otro paisaje, ¿no? Es como si el pintor no tuviera claro qué estilo elegir, y como era capaz de pintar de maneras muy distintas a la vez, ¡pues lo mezclaba todo!

¿Y esos cipreses lúgubres que aparecen en primer término, tan *in your face*? Dan un poco de yuyu, ¿verdad? Casi parecen las llamas ardientes de un fuego gigante. Y puede que lo sean. Sí, ya lo vas pillando: *ese fuego no tiene que ver con el paisaje exterior, sino con lo que Vincent veía en su mente.* Que, por cierto, los cipreses son los árboles típicos de los cementerios y por eso hay quien quiere ver en ellos un símbolo de muerte anunciada. Hay gente para todo, ya ves. Pero lo cierto es que trece meses después de pintar ese cuadro el pintor murió en Auvers-sur-Oise, cerca de París, donde se había desplazado para estar más cerca de su hermano Theo. Realmente, la vida de Van Gogh siempre estuvo rodeada de misterios. No es de extrañar que se haya convertido en el mito incomprendido del arte.

Y hablando de mitos, seguramente lo que quieres saber en realidad es cómo y por qué el pobre artista perdió una oreja (no pasa nada, todos somos cotillas). Por supuesto, los datos no son muy claros. Venga, ¡más misterios! Pero lo que sí sabemos es que, en principio, *el episodio tiene que ver con su amigo y también pintor postimpresionista Paul Gauguin* y con el tiempo que ambos estuvieron viviendo juntos en Arlés, también en el sur de Francia, y que fue aproximadamente un año antes de pintar *La noche estrellada*. Algo es algo, ¿no? A partir de aquí las cosas ya no están tan claras. Al parecer, el 23 de diciembre de 1888 tuvieron una discusión muy fuerte y la cosa se desmadró, y mucho. Existen dos teorías al respecto: la primera afirma que Van Gogh le tiró un vaso de cristal a Gauguin y este, fuera de sí (normal, a nadie le gusta que le tiren cosas de vidrio a la cabeza), le cortó la oreja con un sable (esto ya no es tan normal); la segunda teoría defiende que, tras la pelea, el propio Van Gogh se mutiló el lóbulo de la oreja izquierda con una navaja de afeitar. La verdad es que cualquiera de las dos podría ser cierta... Está claro que los postimpresionistas eran *muy* excesivos.

LAS CLAVES

La noche estrellada

- **El contexto.** El paisaje en Van Gogh ya no es aquello que ven sus ojos, sino aquello que siente en su interior.

- **Fantasía frente a realidad.** El pintor altera los colores y convierte la realidad en visiones intensas, alucinadas y tormentosas.

- **Dos cuadros en uno.** Las pinceladas más impulsivas y enérgicas de la parte superior del cuadro conviven con las suaves y calculadas de la inferior.

El beso
de Gustav Klimt

Autor: Gustav Klimt (Baumgarten, Austria, 1862 - Viena, Austria, 1918)

Cronología: 1907-1908

Estilo: Modernista

Tipología: Retrato

Técnica: Óleo sobre tela

Dimensiones: 180 cm × 180 cm

Localización: Österreichische Galerie Belvedere, Viena

E ntre finales del siglo XIX y principios del siglo XX el arte entró en una supercrisis. Ya lo hemos ido avisando con los impresionistas y los postimpresionistas, pero ahora lo vas a ver en todo su esplendor. Los artistas se cansaron definitivamente del arte tradicional. Estaban hartos de hacer «bien» las cosas, siguiendo las normas. ¡Eran unos rebeldes! Pero es que aquello de representar la realidad tal como es ya no se llevaba. Los artistas buscaban un lenguaje mucho más atrevido, mucho más radical. Y ¿cómo llamamos normalmente a los que están a la última moda? ¿A los que se avanzan a su tiempo? ¿A los más estrafalarios e innovadores? Exacto, ¡los modernos!

¡Hemos llegado al modernismo!, un movimiento de renovación artística que se dio a la vez en diferentes puntos de Europa durante el cambio de siglo (*Art Nouveau* en Francia y Bélgica, *Sezession* en Austria, *Jugendstil* en Alemania, *Modern Style* en los países anglosajones…). Uno de los pintores más representativos de este estilo fue el austríaco Gustav Klimt.

Con el modernismo, los artistas dejan de representar las cosas habituales de la vida, y empiezan a utilizar temas mucho más simbólicos y conceptuales. Es decir, lo que observamos en los cuadros ya no es algo que podamos reconocer a simple vista, sino que nos invitan a pensar y a elucubrar teorías sobre lo que vemos. Y en la pintura de Klimt eso es muuuy importante. Todo es muy mental, muy psicológico. No es de extrañar que el gran maestro del psicoanálisis también sea austríaco, je, je…

me refiero a Sigmund Freud, que durante esos años también revolucionó el modo de entender a las personas. Pero ¡no nos despistemos, que estamos hablando de pintura!

Esta obra de Klimt muestra un tema muy clásico —un beso, una relación amorosa—; sin embargo, lo hace de un modo muy distinto a como se había hecho hasta la fecha. ¿Por qué? Pues porque él va un poco más allá. *El tema aquí es el amor erótico, carnal, físico*, y eso no estaba nada bien visto entre la sociedad de la época, que, por supuesto, se escandalizó. No obstante, Klimt ya era bastante famoso por hacer ese tipo de escenas: un tiempo antes había recibido el importante encargo de pintar los frescos del techo de la Universidad de Viena y allí plasmó unos desnudos que fueron considerados pornográficos y pervertidos. Aun así, por aquel entonces todavía no había dado con su estilo propio, digamos que se estaba buscando y, curiosamente, el «estilo

Klimt» que ahora todos conocemos lo encontró en *El beso*.

Visto ahora, podemos pensar que el pintor estaba muy seguro de lo que hacía, pero la verdad es que el éxito que finalmente tuvo esta obra lo pilló en un momento de pánico creativo. Furioso por el rechazo de sus frescos de la «uni», Klimt se sumergió en una espiral de enfado y frustración. De hecho, en una carta de 1907 se le notaba muy preocupado: «O soy demasiado viejo o demasiado nervioso o demasiado estúpido, algo debe de estar mal», decía. Mira que son pesaditos los artistas con sus crisis, ¿eh?… Pues bien, como suele pasar, *de un momento tormentoso nace una idea brillante* y fue justo entonces cuando empezó a pintar su gran obra maestra.

Y ¿qué hace que esta obra sea tan especial? La verdad es que hay dos motivos principales. En primer lugar, llama la atención ese trato sexual del beso. Un hombre al que no le vemos la cara (algunos expertos dicen que podría tratarse de un autorretrato) besa con ímpetu a una bella mujer (los mismos expertos consideran que ella sería Emilie Flöge, diseñadora de moda y pareja del pintor durante muchos años, aunque otras teorías defienden que se trata de Adele Bloch-Bauer, mujer de la alta sociedad que posó en varias ocasiones para Klimt). Los cuerpos, envueltos en una especie de mantos con formas geométricas —rectángulos en blanco y negro él, círculos de colores ella—, se funden en el beso y, metafóricamente, el mundo desaparece para los amantes (sí, sí, todo muy romántico y pasional). En segundo lugar, destaca precisamente ese espacio vacío, donde domina un ambiente casi abstracto construido con dorados y florecillas. Para el dorado, Klimt usa pan de oro (no, no se come): se trata de una especie de láminas finas de oro que se enganchan sobre tela, un recurso de inspiración medieval que a partir de entonces será «marca de la casa». Y, claro, *la extrañeza del beso y el uso del oro le otorgaron a la obra un toque tan mágico que la gente cayó rendida ante la belleza atípica de esta obra.*

Y mientras que a algunos artistas famosos les costó muchísimo vender un cuadro, otros, como Klimt, incluso los vendió antes de acabarlos. Sí, sí, lo que oyes. En 1908, *El beso* se expuso por primera vez aún inacabado, y el Museo Belvedere —en el que aún se encuentra actualmente— decidió comprarlo. Su precio fueron 25.000 coronas (unos 200.000 euros): ¡una auténtica locura para su época! Y eso no es todo, imagínate lo importante que se volvió en Austria que hasta hay varias monedas de euro dedicadas a Gustav Klimt y, efectivamente, en una de ellas podemos ver *El beso*.

Esta es quizá una de las obras más reproducidas de la historia del arte, y hay en la actualidad

mucho *merchandising* a su alrededor (postales, pósteres, camisetas, tazas...). No obstante, si te animas a ir al Museo Belvedere de Viena a ver esta increíble pintura, ya te advierto de que vas a flipar. No es precisamente pequeñita como *La Mona Lisa*... *Estamos hablando de una pintura de ¡casi 2 metros por 2 metros! ¡Es muy impactante!*

LAS CLAVES
El beso

- *Leer entre líneas.* La pintura modernista propone una relación simbólica y conceptual. Sí, te pide que mires, pero también que pienses y veas más de lo que hay.

- *El amor.* Klimt no nos ofrece el típico beso de película, sino un beso más descsperado y menos idílico.

- *El oro.* El pintor encuentra en el uso del pan de oro su estilo más peculiar. ¡Se remonta a la Edad Media para ser el más moderno!

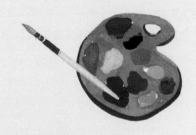

La casa Milà (La Pedrera)

de Antoni Gaudí

Autor: Antoni Gaudí (Reus, Tarragona, España 1852 - Barcelona, España, 1926)

Cronología: 1906-1912

Estilo: Modernista

Tipología: Edificio de viviendas

Materiales: Piedra, ladrillo, cerámica y hierro

Localización: Barcelona

La casa Milà es uno de los edificios más increíbles de la ciudad de Barcelona. La verdad es que no puedes pasar por delante de ella sin levantar la vista y fijarte en sus extrañas formas ondulantes. Está en una esquina entre dos calles, pero ¡no tiene ni una sola línea recta! Es una de las obras más emblemáticas del modernismo, un estilo muy innovador entre finales del siglo XIX e inicios del siglo XX. Con el cambio de siglo, los arquitectos modernistas se marcaron un superreto: dar un giro radical a la manera de construir. Para hacerlo, necesitaban olvidarse de todo lo que habían aprendido. Querían empezar de cero ¡y eso no es nada fácil! Fue entonces cuando se die-

ron cuenta de que no se trataba tanto de saber, sino de observar lo que tenían a su alrededor. La naturaleza se iba a convertir en su principal fuente de inspiración, y el arquitecto que llevó más lejos esa inspiración natural fue Antoni Gaudí.

Aunque ahora nos parezca una casa alucinante, no te pienses que a la gente de su época —incluidos sus propietarios, Pere Milà y Roser Segimon, su esposa— les gustó demasiado. En realidad, les parecía horrible, feísima. *Seguro que conoces esta casa más por el popular nombre de La Pedrera,* ¿verdad? Pues bien, esto tiene que ver con una burla que relacionaba el edificio con una cantera (en catalán, «pedrera» es «cantera»). Nadie entendía muy bien las intenciones de Gaudí con esa fachada en forma de roca excavada, llena de agujeros que recordaban pequeñas cuevas. Porque claro, ¿quién querría vivir en una cueva? Sí, tú quizá sí, pero ¡la burguesía catalana tenía claro que no! En 1906, Gaudí ya tenía un gran prestigio y había construido en Barcelona otros edificios, como la Casa Batlló (de hecho, está muy cerca de La Pedrera, también en el Passeig de Gràcia). Pero ahora estaba en modo megaexperimental y tenía, además, un gran dominio de las estructuras de construcción que usaba. Piensa que ya desde 1882 estaba trabajando como un loco en la Sagrada Familia, su gran obra maestra.

Básicamente, lo más innovador de esta casa es el hecho de usar grandes pilares y columnas interiores de hierro que permiten que sus muros sean muy libres. Por eso pudo hacer esa fachada tan ligera y sinuosa. Para entendernos, Gaudí construyó la casa como si se tratase de un cuerpo humano; es decir, fijó la estructura de los huesos que lo sostienen, y después fue añadiendo las diferentes capas que iban a darle su forma exterior. Y así pudo añadir el garaje que quería el señor Milà (uno de los primeros barceloneses en tener coche, que no es poco), la planta noble donde iban a vivir los señores, los diferentes pisos, los dos patios interiores, el desván y *esa fantástica azotea con chimeneas en forma de guerreros medievales*. ¿No te recuerdan algo? Hay quien dice que los soldados del Escuadrón de la Muerte de la saga *Star Wars* se inspiran en estas formas de Gaudí, ¿cómo te quedas? De piedra, ¿eh? En la azotea podemos ver además otra de las grandes aportaciones de Gaudí: el *trencadís*, una especie de mosaico hecho con trocitos de materiales diversos que aportan mucho color y brillo.

Los arquitectos modernistas solían entender la arquitectura como una obra de arte total, donde también era muy importante toda la decoración interior y exterior del edificio. En este caso, Gaudí se encargó tanto de los ornamentos de hierro de los balcones como de los muebles del interior de la casa de los Milà, e incluso de los pavimentos de las diferentes plantas del edificio. En todas estas decoraciones, Gaudí vuelve a insistir en la naturaleza, incorporando un sinfín de motivos florales por todas partes. Y aquí un dato más que exhibe las tensiones entre el intrépido arquitecto y los propietarios de la casa: parece ser que a Gaudí no le caía muy bien la señora Roser Segimon. Y la antipatía debía de ser mutua, ya que en cuanto Gaudí acabó su trabajo, la mujer pidió retirar inmediatamente de la casa todos los muebles diseñados por él.

Y ya que estamos de cotilleo, te cuento uno más. Como Gaudí estaba tan obsesionado con la Sagrada Familia, el señor Milà empezó a notar —o al menos eso creyó él— que no trabajaba mucho en su casa. Se puso celoso, vamos. Así que decidió no pagarle. ¿Sabes qué hizo Gaudí? Lo denunció, fueron a juicio y, finalmente, Gaudí lo ganó (¡toma ya!). El señor Milà tuvo que indemnizarle con 105.000 pesetas de entonces (poco más de unos 600 euros), que en aquella época era una auténtica fortuna. A su vez, el arquitecto donó todo el dinero a Ignasi Casanovas, un jesuita que lo destinó a obras de caridad. Sí, Gaudí siempre fue una persona muy religiosa, y muy especialmente al final de su vida. Por cierto, no sé si has oído algo sobre su muerte. Está rodeada de misterio y teorías conspiratorias... No obstante, la versión oficial es que Gaudí fue atropellado por un tranvía cuando se dirigía a la Sagrada Familia. Tenía setenta y seis años, y por aquel entonces iba vestido como un indigente; por eso nadie lo reconoció hasta un par de días después del fatal accidente.

Y aquí va un dato curioso. Cuando, en 1878, Gaudí acabó sus estudios en la Escuela Técnica Superior de Arquitectura de Barcelona,

Elías Rogent, su director, dijo algo muy significativo: *«Hemos dado el título a un loco o a un genio; el tiempo nos lo dirá»*. Cuánta razón tenía, ¿verdad?

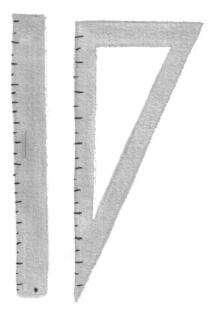

LAS CLAVES
La casa Milà (La Pedrera)

-Avanzada para su época. Aunque ahora nos parezca una casa increíble, en su momento no le gustaba a nadie, ni siquiera a sus propietarios.

-La naturaleza. Gaudí se inspiró en formas naturales para diseñar La Pedrera. La casa se llama así por recordar una roca excavada.

-La imaginación. Para cubrir las chimeneas de la casa, creó una especie de cascos medievales y cubrió grandes zonas de *trencadís*, una de sus especialidades.

Composición suprematista

de Kazimir Malévich

Autor: Kazimir Malévich (Kiev, 1878, Rusia - San Petersburgo, 1935, URSS)

Cronología: 1916

Estilo: Suprematista

Tipología: Abstracción geométrica

Técnica: Óleo sobre tela

Medidas: 88,5 cm × 71 cm

Localización: Colección privada

Tanto se puso en duda la realidad desde el arte que, finalmente, a inicios del siglo XX, la pintura dio la vuelta y se sumergió de lleno en el terreno de «la nada como un todo». ¡Bienvenidos al apasionante mundo del arte abstracto! Un mundo donde el arte ya no imita la realidad, sino que inventa otras formas de comprenderla. Sí, te entiendo, parece un lío, pero ya verás como no lo es tanto. Entre los primeros pintores abstractos de la historia, destaca el pintor ruso Kazimir Malévich, un auténtico revolucionario que inventó un nuevo modo de entender la pintura. Para ello, pensó que había que hacer tabla rasa y olvidar todo lo que se sabía sobre el arte en aquella

época ¿Sabes lo que significa tabla rasa? EM-PEZAR DE CERO; liberar la mente; desaprender lo aprendido, vamos. Solo así, el suprematismo podía convertirse en el nuevo arte ruso; el arte más rompedor de todos los tiempos. *Composición suprematista* es una de las obras maestras de Malévich.

Pues bien, ya lo has oído: olvídate de todo lo que sabes sobre arte. Incluso, olvida todo lo que has leído en este libro. «Suprematismo» viene de «supremo», es decir, de algo superior, de algo mejor. Y eso es lo que propone Malévich: una pintura nueva y —según él, claro— muchísimo mejor que la anterior. Así que vamos a ir analizando las innovaciones de su propuesta.

En primer lugar, los cuadros no tienen títulos que te permitan saber de qué van (retrato de no sé quién, paisaje de no sé dónde, la batalla de no sé cuántos…). No, no, ahora los títulos solo se refieren a las formas que vemos sobre la superficie del cuadro. Pura información descriptiva sin ningún mensaje aparente. No hay ninguna historia detrás. No hay subjetividad ni sentimiento ni ningún tipo de imitación. Esto es lo que se llama «arte metarreferencial», un arte que habla del propio arte. En definitiva, estamos ante una obra que nos habla de la verdadera esencia de la pintura: *superficie, forma y color.* Te rompe un poco los esquemas, ¿verdad? Pues espera, que esto no ha hecho más que empezar.

Fue en 1915 —¡es decir, hace más de cien años!— cuando Malévich presentó en Moscú una exposición con sus primeras pinturas suprematistas. Entre ellas se encontraba *Cuadrado negro sobre fondo blanco*, realmente el punto cero de su pintura, y además un gran referente para el arte moderno en general. Tal como indica su título, se trataba de un pequeño cuadrado negro sobre la tela blanca. Sí, sí, simplemente eso, todo muy *minimal*. Y por si no fuera suficiente, esta pequeña obra se presentó en una esquina, imitando la situación habitual de los iconos rusos en las iglesias. Te lo explico un poco mejor: el cuadro, en vez de estar plano sobre un muro (como normalmente se exponen las pinturas), estaba colocado justo en el ángulo entre dos paredes, y muy alto, además. Total, que, para verlo, la gente tenía que acercarse a la esquina y mirar para arriba. ¡Exacto! ¡Como si contemplaran una imagen religiosa! *Aquella exposición fue una auténtica declaración de principios. Los críticos de la época fueron tajantes: «¡La pintura ha muerto!», declararon en la mayoría de los periódicos.*

Pero eso era precisamente lo que buscaba el artista ruso. Matar la pintura tal como se conocía hasta el momento (figurativa, imitativa) y proponer otra distinta. Por este motivo,

Malévich usó únicamente geometrías básicas (el cuadrado, el rectángulo, el círculo, el triángulo...) que no proponían ningún tema. Tras siglos y siglos y siglos de arte figurativo, ahora el cuadro no representaba nada. Había nacido el suprematismo, y este movimiento necesitaba una nueva sensibilidad que no tenía todo el mundo; más bien, no la tenía casi nadie…

Realizada tan solo un año después de aquella exposición, *Composición suprematista* exhibe a la perfección tanto la forma como el concepto del arte suprematista. Sobre un fondo blanco, el artista nos muestra toda una coreografía de formas geométricas de distintos colores (parece que estemos hablando de un cuadro para niños, ¿no?). Y uso el término «coreografía» aposta, ya que el suprematismo es un lenguaje abstracto muy rítmico, muy armónico, muy musical. Al fin y al cabo, ¿qué es más abstracto que la música?

Soy consciente de que te estoy liando, pero paciencia, ¡ya estás acabando el libro! Y, si realmente has llegado hasta aquí, es que algo (un poco, al menos) te ha gustado este breve viaje por el arte. Además, a mí no me culpes, en todo caso culpa a Malévich y su maravillosa mente retorcida… En definitiva, podemos decir que lo que él hace no es simplemente inventar una nueva pintura: lo que él pretende con sus obras es más complicado, más emocionante y más utópico. ¿Entiendes lo de la utopía? Es la idea de un mundo mejor, un mundo perfecto donde todo irá bien, según tus deseos, claro… Creo que ya lo estás pillando: *Malévich apuesta por una manera distinta de entender el mundo*. Sí, es un iluminado del arte, y hay algo casi religioso en su modo de acercarse a la creación. El suprematismo defiende un universo sin objetos. Por tanto, un arte que no intenta representar el mundo exterior, sino sintetizar la idea de mundo mediante elementos esenciales. Exac-

to. Para Malévich, esa esencia se encuentra en la geometría y el color. Ya para acabar, piensa que, al fin y al cabo, el suprematismo se parece más a una religión o a un estilo de vida que a un movimiento artístico. Puedes creer en él o no. Y sí, es cierto, algo parecido pasa con el arte en general.

LAS CLAVES

Composición suprematista

- *El grado cero*. Malévich te invita a olvidar todo lo que sabes sobre pintura.

- *La ausencia de temas*. *Composición suprematista* no representa ni imita nada de la realidad. No cuenta ninguna historia.

- *Un estilo de vida*. El suprematismo no es solo un movimiento artístico, sino una forma de entender el mundo basada en la geometría y el color.

Este libro
se terminó de imprimir
en noviembre de 2018